The Lost Feather's Journey And Other Bilingual Polish-English Stories for Kids

Pomme Bilingual

Published by Pomme Bilingual, 2024.

While every precaution has been taken in the preparation of this book, the publisher assumes no responsibility for errors or omissions, or for damages resulting from the use of the information contained herein.

THE LOST FEATHER'S JOURNEY AND OTHER BILINGUAL POLISH-ENGLISH STORIES FOR KIDS

First edition. October 3, 2024.

Copyright © 2024 Pomme Bilingual.

ISBN: 979-8227768735

Written by Pomme Bilingual.

Table of Contents

Zgubiona Chmura

Pewnego dnia chmura czuła się smutna, ponieważ zgubiła drogę. Unosiła się na niebie, ale nie wiedziała, dokąd zmierza. Chciała znaleźć swoje miejsce w świecie, ale każdy kierunek wydawał się nieznany i przerażający.

Wtem poczuła delikatny powiew wiatru, który lekko ją musnął. "Cześć, chmurko!" – zawołał wiatr. "Dlaczego wyglądasz na tak smutną?"

"Zgubiłam się," odpowiedziała chmura. "Nie wiem, dokąd zmierzam ani co mam robić."

"W porządku," powiedział wiatr z uśmiechem. "Czasami zgubienie się to początek wspaniałej podróży. Pozwól mi pomóc ci odnaleźć drogę."

Wspólnie ruszyli w podróż. Wiatru delikatne podmuchy kierowały chmurę w stronę malowniczych krajobrazów. Wkrótce dołączyły do nich ciekawe ptaki, które fruwały obok niej.

"Jesteś piękna!" – zawołał jeden z ptaków. "Gdzie się wybierasz?"

"Nie wiem," westchnęła chmura, "ale chcę znaleźć swoje miejsce."

"Możesz być częścią wielu rzeczy!" – krzyknęła inna ptaszyna. "Możesz dawać cień drzewom, deszcz kwiatom lub nawet piękne widoki dla ludzi!"

Zainspirowana słowami ptaków, chmura zaczęła dostrzegać piękno swojej podróży. Z każdym podmuchem wiatru czuła, że zyskuje nową perspektywę. Zrozumiała, że nie musi być idealna ani mieć określonego celu – wystarczy, że po prostu jest.

W końcu dotarli na łąkę pełną kolorowych kwiatów. "Patrz!" – zawołał wiatr. "Tu możesz być tym, kim chcesz!"

Chmura zaczęła padać lekki deszcz, a kwiaty wkrótce rozkwitły w pełni. "Dziękuję!" – krzyknęły kwiaty. "Dzięki tobie jesteśmy szczęśliwe!"

Czując radość i spełnienie, chmura zrozumiała, że nie jest zgubiona – znalazła swoje miejsce w świecie. Razem z wiatrem i ptakami kontynuowała swoją podróż, pełna nadziei i gotowa na nowe przygody.

The Lost Cloud

One day, a cloud felt sad because it had lost its way. It floated in the sky, but it didn't know where it was going. It wanted to find its place in the world, but every direction seemed unknown and frightening.

Suddenly, it felt a gentle breeze brush against it. "Hello, little cloud!" called the wind. "Why do you look so sad?"

"I'm lost," replied the cloud. "I don't know where I'm going or what I should do."

"That's okay," said the wind with a smile. "Sometimes getting lost is the beginning of a wonderful journey. Let me help you find your way."

Together, they set off on a journey. The gentle gusts of wind guided the cloud toward picturesque landscapes. Soon, curious birds joined them, fluttering alongside.

"You are beautiful!" one of the birds called out. "Where are you going?"

"I don't know," sighed the cloud, "but I want to find my place."

"You can be part of many things!" shouted another bird. "You can give shade to the trees, rain to the flowers, or even create beautiful views for people!"

Inspired by the birds' words, the cloud began to see the beauty of its journey. With every gust of wind, it felt as though it was gaining a new perspective. It realized that it didn't need to be perfect or have a specific goal – it just needed to be.

Eventually, they arrived at a meadow full of colorful flowers. "Look!" called the wind. "Here you can be whoever you want to be!"

The cloud began to drizzle lightly, and the flowers soon bloomed fully. "Thank you!" shouted the flowers. "Because of you, we are happy!"

Feeling joy and fulfillment, the cloud understood that it was not lost – it had found its place in the world. Together with the wind and the birds, it continued its journey, full of hope and ready for new adventures.

Odważne Małe Ziarno

Pewnego dnia w małej ziemi leżało małe ziarno, które marzyło o tym, aby stać się wielkim drzewem. Każdego dnia patrzyło na niebo i podziwiało majestatyczne drzewa, które rosły wysoko, sięgając chmur. Jednak małe ziarno bało się opuścić bezpieczeństwo gleby.

"Co jeśli nie dam rady?" – myślało. "Co jeśli jestem zbyt małe?"

Pewnego dnia, gdy ziarno zastanawiało się nad swoją przyszłością, pod ziemią pojawiła się mądra dżdżownica. "Cześć, małe ziarno," powiedziała dżdżownica. "Dlaczego wyglądasz na tak smutne?"

"Marzę o tym, by stać się wielkim drzewem," odpowiedziało ziarno, "ale boję się wyjść na powierzchnię."

"Nie martw się," powiedziała dżdżownica z uśmiechem. "Wszystkie wielkie drzewa zaczynały jako małe ziarna. Musisz uwierzyć w siebie i dać sobie szansę na wzrost."

Ziarno poczuło się trochę lepiej, ale wciąż miało wątpliwości. W tym momencie obok przeskoczyła wesoła wiewiórka, która dostrzegła ziarno. "Cześć! Co robisz tu na dole?" – zapytała wiewiórka.

"Marzę o tym, by stać się drzewem, ale boję się," odparło ziarno.

"Wszystko, co musisz zrobić, to spróbować!" – zawołała wiewiórka. "Wysoko w górze jest mnóstwo przygód, które czekają na odkrycie. Nie bój się, tylko skacz na powierzchnię!"

Zainspirowane słowami dżdżownicy i wiewiórki, ziarno postanowiło spróbować. Zaczęło wydobywać się z gleby, czując promienie słońca na swojej małej skorupce. Serce ziarna biło coraz szybciej, a każdy nowy dzień był pełen nadziei.

Wkrótce ziarno wyrosło jako mała roślina, wciąż niepewne, ale gotowe stawić czoła światu. "Patrz!" – krzyknęła wiewiórka. "Jesteś na dobrej drodze!"

Z każdym dniem roślina rosła, stając się silniejsza. Uczyła się cieszyć każdą kroplą deszczu i każdym promieniem słońca. Zrozumiała, że wzrost to proces, a każda mała zmiana to krok w kierunku spełnienia jej marzeń.

W końcu, po wielu dniach, mała roślina stała się pięknym drzewem. Dziękowała dżdżownicy i wiewiórce za ich mądre słowa i wsparcie. Teraz mogła sięgnąć do nieba, spełniając swoje marzenie o byciu wielkim drzewem.

I tak, odważne małe ziarno nie tylko odnalazło swoje miejsce w świecie, ale także nauczyło się, że każdy może wzrastać, gdy tylko uwierzy w siebie.

The Brave Little Seed

One day, in a small patch of earth, there lay a tiny seed that dreamed of becoming a great tree. Every day, it looked up at the sky and admired the majestic trees that grew tall, reaching the clouds. However, the little seed was afraid to leave the safety of the soil.

"What if I can't do it?" it thought. "What if I'm too small?"

One day, as the seed pondered its future, a wise worm appeared underground. "Hello, little seed," said the worm. "Why do you look so sad?"

"I dream of becoming a great tree," replied the seed, "but I'm scared to come to the surface."

"Don't worry," said the worm with a smile. "All great trees started as little seeds. You have to believe in yourself and give yourself a chance to grow."

The seed felt a little better, but still had doubts. Just then, a cheerful squirrel hopped by and noticed the seed. "Hey! What are you doing down here?" asked the squirrel.

"I dream of becoming a tree, but I'm afraid," replied the seed.

"All you have to do is try!" shouted the squirrel. "Up high, there are many adventures waiting to be discovered. Don't be afraid, just jump to the surface!"

Inspired by the words of the worm and the squirrel, the seed decided to give it a try. It began to push its way out of the soil, feeling the rays of sunlight on its little shell. The seed's heart raced faster, and each new day was full of hope.

Soon, the seed grew into a small plant, still unsure but ready to face the world. "Look!" shouted the squirrel. "You're on the right path!"

With each passing day, the plant grew stronger. It learned to enjoy every drop of rain and every ray of sunshine. It understood that growth is a process, and every little change is a step towards fulfilling its dreams.

Finally, after many days, the little plant became a beautiful tree. It thanked the worm and the squirrel for their wise words and support. Now it could reach for the sky, fulfilling its dream of being a great tree.

And so, the brave little seed not only found its place in the world, but also learned that anyone can grow if they just believe in themselves.

Dobroć Księżyca

Pewnej nocy, w głębi lasu, samotna sowa siedziała na gałęzi starego drzewa. Czuła się smutna i osamotniona, marząc o przyjacielu, który by ją rozumiał. Spojrzała w górę na jasny Księżyc, który świecił na niebie.

"Księżycu," zawołała sowa, "jesteś jedynym, kto mnie rozumie. Czy mogę być twoim przyjacielem?"

Księżyc usłyszał szept sowy i z uśmiechem odpowiedział: "Droga sowo, jestem tutaj, aby cię wysłuchać. Opowiedz mi, co cię trapi."

Sowa zaczęła opowiadać o swoim poczuciu osamotnienia i pragnieniu bycia akceptowaną. "Czuję, że jestem inna od wszystkich innych ptaków. Dlaczego nie potrafię być jak one?" – westchnęła.

Księżyc, pełen zrozumienia, odpowiedział: "Bycie innym to piękna rzecz. Spójrz na mnie – jestem inny niż Słońce, ale właśnie dlatego świecę w nocy. Moje światło daje radość wielu."

Sowa zaintrygowana zapytała: "Jak mogę znaleźć radość w mojej samotności?"

Księżyc odpowiedział: "Samotność może być czasem na odkrywanie siebie. Pozwól sobie na cieszenie się spokojem nocy. Posłuchaj szumów lasu i obserwuj, jak gwiazdy tańczą na niebie."

Zainspirowana słowami Księżyca, sowa postanowiła spróbować. Zamiast czuć się przygnębiona, zaczęła cieszyć się pięknem nocnych chwil. Słuchała dźwięków lasu, podziwiała migoczące gwiazdy i czuła, jak Księżyc dodaje jej otuchy.

Z każdą nocą sowa coraz bardziej odnajdywała radość w swojej samotności. Księżyc był jej towarzyszem, który przypominał jej, że nie jest naprawdę sama – że różnorodność jest częścią życia.

W końcu, pewnej jasnej nocy, sowa spojrzała w górę na Księżyc. "Dziękuję, Księżycu," powiedziała. "Dzięki tobie nauczyłam się akceptować siebie i cieszyć się chwilami w samotności."

Księżyc zaświecił jaśniej, mówiąc: "Pamiętaj, mała sowo, że piękno tkwi w różnorodności. Twoja wyjątkowość czyni cię szczególną."

I tak, sowa nie tylko nawiązała przyjaźń z Księżycem, ale także nauczyła się, że radość można znaleźć w byciu sobą i akceptowaniu swojej odmienności.

The Kindness of the Moon

One night, deep in the forest, a lonely owl sat on the branch of an old tree. She felt sad and alone, dreaming of a friend who would understand her. She looked up at the bright Moon shining in the sky.

"Moon," the owl called out, "you are the only one who understands me. Can I be your friend?"

The Moon heard the owl's whisper and smiled as it replied, "Dear owl, I am here to listen to you. Tell me what troubles you."

The owl began to share her feelings of loneliness and her desire to be accepted. "I feel like I am different from all the other birds. Why can't I be like them?" she sighed.

The Moon, full of understanding, responded, "Being different is a beautiful thing. Look at me – I am different from the Sun, but that's why I shine at night. My light brings joy to many."

Intrigued, the owl asked, "How can I find joy in my solitude?"

The Moon replied, "Solitude can be a time for discovering yourself. Allow yourself to enjoy the peace of the night. Listen to the sounds of the forest and watch the stars dance in the sky."

Inspired by the Moon's words, the owl decided to try. Instead of feeling down, she began to enjoy the beauty of the night moments. She listened to the sounds of the forest, admired the twinkling stars, and felt how the Moon gave her comfort.

With each passing night, the owl found more joy in her solitude. The Moon was her companion, reminding her that she was not truly alone – that diversity is a part of life.

Finally, on a bright night, the owl looked up at the Moon. "Thank you, Moon," she said. "Thanks to you, I have learned to accept myself and enjoy moments of solitude."

The Moon shone brighter, saying, "Remember, little owl, that beauty lies in diversity. Your uniqueness makes you special."

And so, the owl not only formed a friendship with the Moon but also learned that joy can be found in being oneself and embracing one's differences.

Przyjaźń Żółwia i Zająca

Pewnego słonecznego dnia w lesie żył powolny żółw, który zawsze marzył o tym, by zostać szybkim jak zając. W tym samym lesie mieszkał też zwinny zając, który z kolei pragnął mieć cierpliwość i wytrwałość żółwia.

Pewnego dnia żółw i zając spotkali się na polanie. Żółw, widząc zająca skaczącego wesoło, powiedział: "Cześć! Zawsze chciałem być szybki jak ty!"

Zając, trochę zaskoczony, odpowiedział: "A ja zawsze pragnąłem być tak cierpliwy jak ty, żółwiu. Może moglibyśmy się zaprzyjaźnić i uczyć od siebie nawzajem?"

I tak zaczęła się ich niezwykła przyjaźń. Żółw nauczył zająca, jak cieszyć się chwilami spokoju, gdy wolno wędrowali po lesie. Razem zbierali kwiaty i podziwiali piękno przyrody.

Zając, z kolei, pokazał żółwiowi, jak biegać szybciej i jak cieszyć się z wyzwania. "Spróbujmy zorganizować wyścig!" – zaproponował zając. Żółw uśmiechnął się i zgodził, choć wiedział, że nie ma szans na wygraną.

W dniu wyścigu wszystkie zwierzęta z lasu przyszły, aby kibicować. Zając ruszył jak błyskawica, a żółw powoli i systematycznie, krok po kroku, ruszył naprzód. Zając, widząc, że ma dużą przewagę, postanowił odpocząć i zjeść kilka marchewek.

Jednak żółw nie poddawał się. Szedł dalej, a z każdą chwilą zbliżał się do mety. Kiedy zając obudził się ze snu, zobaczył, że żółw jest już blisko mety! Rzucił się do biegu, ale było za późno. Żółw, z determinacją i ciężką pracą, przekroczył linię mety jako zwycięzca.

Wszystkie zwierzęta wiwatowały na cześć żółwia, a zając podszedł do niego, z uśmiechem na twarzy. "Gratulacje, przyjacielu! Nauczyłeś mnie, że cierpliwość i determinacja są ważniejsze niż szybkość."

Żółw odpowiedział: "Dziękuję, zającu. Ty również nauczyłeś mnie, że czasem warto się zatrzymać i cieszyć się chwilą."

I tak, żółw i zając nie tylko stali się przyjaciółmi, ale także odkryli, że ich różnice czynią ich silniejszymi i że mogą wspierać się nawzajem w dążeniu do marzeń.

The Friendship of the Tortoise and the Hare

One sunny day in the forest, there lived a slow tortoise who always dreamed of being as fast as a hare. In the same forest lived a nimble hare, who, in turn, wished to have the patience and perseverance of the tortoise.

One day, the tortoise and the hare met in a clearing. The tortoise, seeing the hare hopping joyfully, said, "Hi! I've always wanted to be as fast as you!"

The hare, a little surprised, replied, "And I've always wanted to be as patient as you, tortoise. Maybe we could be friends and learn from each other?"

And so began their extraordinary friendship. The tortoise taught the hare how to enjoy moments of peace as they wandered slowly through the forest. Together, they picked flowers and admired the beauty of nature.

The hare, in turn, showed the tortoise how to run faster and how to enjoy a challenge. "Let's have a race!" suggested the hare. The tortoise smiled and agreed, even though he knew he had no chance of winning.

On the day of the race, all the animals in the forest came to cheer. The hare took off like lightning, while the tortoise moved slowly and steadily, step by step. Seeing that he had a big lead, the hare decided to take a break and eat a few carrots.

However, the tortoise didn't give up. He kept going, getting closer to the finish line with each moment. When the hare woke from his nap, he saw that the tortoise was already near the finish line! He dashed off, but it was too late. The tortoise, with determination and hard work, crossed the finish line as the winner.

All the animals cheered for the tortoise, and the hare approached him with a smile on his face. "Congratulations, my friend! You taught me that patience and determination are more important than speed."

The tortoise replied, "Thank you, hare. You also taught me that sometimes it's worth taking a moment to enjoy the time."

And so, the tortoise and the hare not only became friends but also discovered that their differences made them stronger and that they could support each other in pursuing their dreams.

Mały Artysta

Pewnego słonecznego poranka w lesie mieszkał młody jeżyk o imieniu Henio. Henio kochał malować. Jego mały domek był pełen kolorowych obrazów przedstawiających krajobrazy, przyjaciół i magiczne miejsca, które tylko on potrafił zobaczyć. Mimo to, jeżyk bał się, że nikt nie doceni jego sztuki.

Pewnego dnia, jego przyjaciel wiewiórka, Kasia, odwiedziła go. Zobaczyła wszystkie jego obrazy i zachwyciła się nimi. "Henio, są wspaniałe! Dlaczego nie pokażesz ich innym?" zapytała.

Henio spuścił wzrok i powiedział: "Boję się, że nikt nie zrozumie moich obrazów. Co jeśli się im nie spodobają?"

Kasia uśmiechnęła się i powiedziała: "Nie martw się! Sztuka jest dla wszystkich. To, co jest ważne, to to, co czujesz, kiedy malujesz. Pokaż im, jak wspaniały jest twój świat!"

Zainspirowany słowami Kasi, Henio postanowił spróbować. Razem z przyjaciółmi, wiewiórką, królikiem i sarną, zorganizowali wystawę w lesie. Każdy przyniósł coś wyjątkowego, ale to prace Henia przyciągnęły najwięcej uwagi.

Kiedy Henio stał obok swoich obrazów, czuł się zdenerwowany. Ale gdy zwierzęta zaczęły podchodzić, zaczęły chwalić jego prace. "Wow! Jak pięknie namalowane! Jak udało ci się uchwycić te kolory?" – pytały.

Henio poczuł, jak jego serce napełnia się radością. Z każdym pozytywnym komentarzem jego pewność siebie rosła. Wkrótce zaczęli mu zadawać pytania o jego inspiracje i techniki.

"Malowałem te obrazy, bo chciałem pokazać, jak piękny jest nasz las i jak ważni są dla mnie przyjaciele" – odpowiedział z uśmiechem.

Dzięki tej wystawie Henio nie tylko pokazał swoje prace, ale także nauczył się, że prawdziwa sztuka polega na dzieleniu się swoimi uczuciami z innymi. Jego przyjaciele pomogli mu zrozumieć, że każdy ma swoje unikalne spojrzenie na świat, a sztuka to najpiękniejszy sposób na jego wyrażenie.

Od tego dnia Henio malował jeszcze więcej, dzieląc się swoją sztuką z wszystkimi w lesie. Był szczęśliwy, że mógł wyrazić siebie i inspirować innych do odkrywania własnej kreatywności.

The Little Artist

One sunny morning in the forest, there lived a young hedgehog named Henio. Henio loved to paint. His small home was filled with colorful pictures depicting landscapes, friends, and magical places that only he could see. Despite this, the hedgehog was afraid that no one would appreciate his art.

One day, his friend the squirrel, Kasia, visited him. She saw all his paintings and was delighted by them. "Henio, they're wonderful! Why don't you show them to others?" she asked.

Henio looked down and said, "I'm afraid that no one will understand my pictures. What if they don't like them?"

Kasia smiled and said, "Don't worry! Art is for everyone. What's important is how you feel when you paint. Show them how wonderful your world is!"

Inspired by Kasia's words, Henio decided to give it a try. Together with his friends—the squirrel, a rabbit, and a deer—they organized an exhibition in the forest. Everyone brought something unique, but it was Henio's works that attracted the most attention.

As Henio stood next to his paintings, he felt nervous. But as the animals began to approach, they started praising his works. "Wow! How beautifully painted! How did you manage to capture those colors?" they asked.

Henio felt his heart fill with joy. With each positive comment, his confidence grew. Soon they started asking him questions about his inspirations and techniques.

"I painted these pictures because I wanted to show how beautiful our forest is and how important my friends are to me," he replied with a smile.

Thanks to this exhibition, Henio not only showcased his works but also learned that true art is about sharing your feelings with others. His friends helped him understand that everyone has their unique perspective on the world, and art is the most beautiful way to express it.

From that day on, Henio painted even more, sharing his art with everyone in the forest. He was happy that he could express himself and inspire others to discover their own creativity.

Szeptające Drzewa

———

Pewnego letniego popołudnia, mała dziewczynka o imieniu Zosia bawiła się w swoim ogrodzie. Wśród drzew w swoim podwórku zauważyła coś niezwykłego. Gdy usiadła pod dużym dębem, usłyszała delikatny szept. Zaintrygowana, przysunęła się bliżej.

"Cześć, Zosiu!" powiedziało drzewo. Zosia spojrzała w górę, zaskoczona. "Czy to możliwe, żebyś mówiło?" zapytała.

"Tak, jesteśmy drzewami, które potrafią szeptać," odpowiedział dąb. "Przechowujemy historie minionych lat i chcemy się nimi z tobą podzielić."

Zosia, pełna ciekawości, zasiadła wygodnie, gotowa do słuchania. Drzewo zaczęło opowiadać historie o dawnych czasach, kiedy lasy były pełne magicznych stworzeń, a ludzie żyli w harmonii z naturą. Opowiadało o przygodach, radościach i smutkach, które były częścią życia drzew.

"Musisz pamiętać, że czasami to, co najcenniejsze, wymaga cierpliwości," dodało drzewo. "Wielu z nas rosło przez dziesiątki lat, czekając na idealny moment, by pokazać swoje piękno."

Zosia wsłuchiwała się w każde słowo, a jej serce napełniało się mądrością natury. "Jak mogę nauczyć się być cierpliwą?" zapytała.

"Słuchaj świata wokół siebie," odpowiedział dąb. "Zatrzymaj się, obserwuj i wsłuchuj się w dźwięki natury. Zrozumiesz, że wszystko ma swój czas."

Kiedy dni mijały, Zosia regularnie wracała do swojego ukochanego dębu, a drzewa z radością dzieliły się z nią swoimi opowieściami.

I tak, Zosia nie tylko odkryła tajemnice szeptających drzew, ale także nauczyła się, że cierpliwość i umiejętność słuchania świata wokół niej mogą przynieść wiele szczęścia.

The Whispering Trees

One summer afternoon, a little girl named Zosia was playing in her garden. Among the trees in her backyard, she noticed something extraordinary. When she sat down under a large oak, she heard a gentle whisper. Intrigued, she leaned in closer.

"Hello, Zosia!" said the tree. Zosia looked up, surprised. "Is it possible for you to talk?" she asked.

"Yes, we are trees that can whisper," replied the oak. "We hold the stories of the past and want to share them with you."

Full of curiosity, Zosia settled comfortably, ready to listen. The tree began to tell stories of ancient times when the forests were full of magical creatures, and people lived in harmony with nature. It spoke of adventures, joys, and sorrows that were part of the life of trees.

"You must remember that sometimes, what is most precious requires patience," added the tree. "Many of us have grown for decades, waiting for the perfect moment to show our beauty."

Zosia listened to every word, her heart filling with the wisdom of nature. "How can I learn to be patient?" she asked.

"Listen to the world around you," replied the oak. "Stop, observe, and pay attention to the sounds of nature. You will understand that everything has its time."

As the days went by, Zosia regularly returned to her beloved oak, and the trees happily shared their stories with her.

And so, Zosia not only discovered the secrets of the whispering trees but also learned that patience and the ability to listen to the world around her could bring great happiness.

Odważna Gąsienica

Pewnego słonecznego dnia w kolorowym ogrodzie żyła mała gąsienica o imieniu Karolinka. Karolinka marzyła o lataniu, ale bała się nieznanego, które mogło przyjść z jej przemianą. Codziennie spoglądała w górę, patrząc na piękne motyle, które tańczyły w powietrzu, i marzyła o tym, by do nich dołączyć.

Pewnego dnia, podczas swojej codziennej wędrówki, Karolinka spotkała mądrą motyla o imieniu Ewa. Ewa miała skrzydła w kolorach tęczy i zawsze emanowała spokojem. Zauważyła, jak Karolinka z utęsknieniem patrzy na latające motyle.

"Czemu wyglądasz na smutną, mała gąsienico?" zapytała Ewa.

"Marzę o lataniu jak ty, ale boję się, że nie będę w stanie tego zrobić," odpowiedziała Karolinka, spuszczając wzrok.

Ewa uśmiechnęła się. "Rozumiem twoje obawy. Wiesz, że każdy motyl był kiedyś gąsienicą? To część przemiany, która przynosi piękno i wolność."

"Ale co jeśli nie będę w stanie przejść przez tę przemianę?" zapytała Karolinka.

"Przemiana to naturalny proces," wyjaśniła Ewa. "Musisz zaufać sobie i dać sobie czas. Kiedy nadejdzie odpowiedni moment, poczujesz, że jesteś gotowa."

Karolinka zaintrygowała się słowami Ewy, ale nadal czuła strach. "Jak mogę pokonać ten strach?" zapytała.

"Zacznij od małych kroków," poradziła Ewa. "Znajdź piękne miejsce w ogrodzie, w którym poczujesz się bezpiecznie. Obserwuj otaczający cię świat i pomyśl o tym, jak możesz stać się tym, kim pragniesz być."

Zainspirowana, Karolinka znalazła mały zakątek w ogrodzie, pełen kolorowych kwiatów. Każdego dnia spędzała tam czas, słuchając dźwięków przyrody i wdychając słodki zapach kwiatów. Powoli zaczęła czuć, że zmiana nie jest taka straszna.

Kiedy nadszedł czas, Karolinka znalazła spokojne miejsce i zaczęła budować kokon. Choć czuła strach przed tym, co miało nadejść, wiedziała, że ma przy sobie wsparcie Ewy.

W ciągu kilku dni, w zaciszu swojego kokonu, gąsienica przeszła niesamowitą przemianę. W końcu, gdy nadszedł czas, aby wyjść, Karolinka otworzyła swoje nowe skrzydła, które były piękne i kolorowe.

Z radością w sercu, Karolinka wzbiła się w powietrze, czując się wolna i szczęśliwa. Odkryła, że przemiana była najpiękniejszym doświadczeniem w jej życiu.

Dzięki mądrzejszym słowom Ewy, Karolinka zrozumiała, że odwaga i gotowość do zmian mogą prowadzić do wspaniałych przygód. Od tego dnia latała po ogrodzie, dzieląc się swoją nową radością z innymi.

The Courageous Caterpillar

One sunny day in a colorful garden, there lived a little caterpillar named Karolinka. Karolinka dreamed of flying but was afraid of the unknown that might come with her transformation. Every day, she looked up at the beautiful butterflies dancing in the air and dreamed of joining them.

One day, during her daily wanderings, Karolinka met a wise butterfly named Ewa. Ewa had wings in the colors of the rainbow and always radiated calm. She noticed how Karolinka longingly watched the flying butterflies.

"Why do you look sad, little caterpillar?" asked Ewa.

"I dream of flying like you, but I'm afraid I won't be able to do it," replied Karolinka, looking down.

Ewa smiled. "I understand your worries. Did you know that every butterfly was once a caterpillar? It's part of the transformation that brings beauty and freedom."

"But what if I can't go through this transformation?" asked Karolinka.

"Transformation is a natural process," explained Ewa. "You must trust yourself and give yourself time. When the right moment comes, you will feel ready."

Karolinka was intrigued by Ewa's words but still felt fear. "How can I overcome this fear?" she asked.

"Start with small steps," advised Ewa. "Find a beautiful place in the garden where you feel safe. Observe the world around you and think about how you can become who you want to be."

Inspired, Karolinka found a small nook in the garden filled with colorful flowers. Every day she spent time there, listening to the sounds of nature and inhaling the sweet scent of the flowers. Slowly, she began to feel that change wasn't so scary after all.

When the time came, Karolinka found a quiet place and began to build a cocoon. Though she felt fear about what was to come, she knew she had Ewa's support.

In just a few days, in the quiet of her cocoon, the caterpillar underwent an incredible transformation. Finally, when it was time to emerge, Karolinka opened her new wings, which were beautiful and colorful.

With joy in her heart, Karolinka soared into the air, feeling free and happy. She discovered that the transformation had been the most beautiful experience of her life.

Thanks to Ewa's wise words, Karolinka understood that courage and readiness for change could lead to wonderful adventures. From that day on, she flew around the garden, sharing her newfound joy with others.

Przygoda Mrówki

W małym mrowisku, ukrytym w zielonym lesie, żyła mała mrówka o imieniu Antek. Antek zawsze czuł się mały i nieistotny w porównaniu do większych stworzeń wokół niego. Marzył o tym, by odkrywać świat poza mrowiskiem, ale jego odwaga często go opuszczała.

Pewnego dnia, gdy słońce świeciło jasno, Antek postanowił, że nadszedł czas na przygodę. Wyszedł z mrowiska, z sercem pełnym nadziei i lekkim niepokojem. Kiedy dotarł na skraj lasu, zobaczył, jak wiele jest do odkrycia. Kolorowe kwiaty, lśniące owady i szumiące drzewa zachęcały go do dalszej wędrówki.

Podczas swojej podróży Antek spotkał wiele różnych stworzeń. Spotkał żuka, który opowiadał o swoim życiu na liściach, oraz motyla, który pokazał mu, jak piękne jest latanie. Każde stworzenie miało swoją historię i swoje marzenia, co pomogło Antkowi zrozumieć, że każdy, niezależnie od rozmiaru, ma swoją wartość.

Jednak pewnego dnia, podczas eksploracji, Antek natknął się na strumień, którego nie mógł przejść. Czuł się zniechęcony i myślał, że to koniec jego przygody. W tym momencie zobaczył grupkę mrówek, które próbowały przetransportować kawałek jedzenia przez strumień. Antek zrozumiał, że mimo swojego małego rozmiaru, mógłby im pomóc.

Zdecydowany, Antek podszedł do mrówek i zaproponował swoją pomoc. Użył swoich silnych nóg, by poprowadzić je do miejsca, gdzie strumień był wąski, a woda spokojniejsza. Dzięki jego odwadze i determinacji, wszystkie mrówki dotarły na drugą stronę.

Kiedy wrócił do mrowiska, Antek czuł się dumny z tego, co osiągnął.

W końcu, Antek odkrył, że odwaga nie polega na braku strachu, ale na pokonywaniu go. Jego przygoda nie tylko otworzyła mu oczy na świat, ale również pokazała, że małe rzeczy mogą zmieniać życie innych.

The Adventurous Ant

In a small anthill hidden in a green forest, there lived a little ant named Antek. Antek always felt small and insignificant compared to the larger creatures around him. He dreamed of exploring the world beyond the anthill, but his courage often left him.

One day, when the sun was shining brightly, Antek decided it was time for an adventure. He left the anthill, with a heart full of hope and a little anxiety. When he reached the edge of the forest, he saw how much there was to discover. Colorful flowers, shiny insects, and rustling trees encouraged him to continue his journey.

During his travels, Antek met many different creatures. He met a beetle who talked about his life on the leaves and a butterfly who showed him how beautiful flying was. Each creature had its own story and dreams, which helped Antek understand that everyone, regardless of size, has their own value.

However, one day, during his exploration, Antek came across a stream he could not cross. He felt discouraged and thought this was the end of his adventure. At that moment, he saw a group of ants trying to transport a piece of food across the stream. Antek realized that despite his small size, he could help them.

Determined, Antek approached the ants and offered his assistance. He used his strong legs to lead them to a spot where the stream was narrow and the water calmer. Thanks to his courage and determination, all the ants made it to the other side.

When he returned to the anthill, Antek felt proud of what he had accomplished.

In the end, Antek discovered that courage is not the absence of fear, but the ability to overcome it. His adventure not only opened his eyes to the world but also showed him that small things can change the lives of others.

Magiczna Kołdra

Pewnego dnia, w małym miasteczku, żyło dziecko o imieniu Kasia. Kasia była ciekawą świata dziewczynką, która uwielbiała odkrywać nowe rzeczy. Pewnego popołudnia, podczas zabawy w strychu, natknęła się na starą, kolorową kołdrę, która wyglądała na zapomnianą.

Gdy Kasia owinęła się kołdrą, nagle poczuła ciepło i niezwykłe uczucie. Ku jej zaskoczeniu, kołdra zaczęła mówić! "Witaj, Kasiu! Jestem magiczną kołdrą. Każda historia, którą opowiem, nauczy cię cennej lekcji. Czy chcesz mnie posłuchać?"

Zachwycona, Kasia zgodziła się, a kołdra zaczęła swoją pierwszą opowieść. "Pewnego razu w odległym lesie mieszkał mały zajączek o imieniu Tadzio, który był bardzo uprzejmy. Zawsze dzielił się jedzeniem z innymi zwierzętami. Pewnego dnia, kiedy był w potrzebie, wszyscy jego przyjaciele przyszli mu z pomocą. Lekcja: dobroć zawsze wraca."

Kasia zainspirowana pierwszą historią postanowiła być bardziej uprzejma w swoim codziennym życiu. Następnie kołdra opowiedziała historię o dzielnym rycerzu, który stawił czoła potworowi, aby uratować swoje królestwo. "Choć rycerz był przestraszony, jego odwaga pomogła mu pokonać strach. Lekcja: odwaga jest siłą, która sprawia, że możemy stawić czoła naszym lękom."

Kasia poczuła, że w jej sercu rodzi się odwaga. Ostatnia historia dotyczyła małej dziewczynki, która miała wielką wyobraźnię. Tworzyła fantastyczne światy i zapraszała przyjaciół do wspólnej zabawy. "Imagination is the key to creativity. Lekcja: wyobraźnia otwiera drzwi do niezwykłych przygód."

Po wysłuchaniu wszystkich opowieści Kasia zrozumiała, jak ważne są dobroć, odwaga i wyobraźnia. Od tego dnia, kiedy tylko sięgnęła po magiczną kołdrę, każdy dzień stał się dla niej nową przygodą.

The Magical Blanket

One day, in a small town, there lived a child named Kasia. Kasia was a curious girl who loved to discover new things. One afternoon, while playing in the attic, she stumbled upon an old, colorful blanket that looked forgotten.

When Kasia wrapped herself in the blanket, she suddenly felt warmth and a strange sensation. To her surprise, the blanket began to speak! "Hello, Kasia! I am a magical blanket. Every story I tell will teach you a valuable lesson. Do you want to listen to me?"

Delighted, Kasia agreed, and the blanket began its first tale. "Once upon a time, in a distant forest, there lived a little bunny named Tadzio, who was very kind. He always shared his food with other animals. One day, when he was in need, all his friends came to help him. The lesson: kindness always comes back."

Inspired by the first story, Kasia decided to be kinder in her everyday life. Next, the blanket told a story about a brave knight who faced a monster to save his kingdom. "Although the knight was scared, his courage helped him overcome his fear. The lesson: courage is the strength that allows us to face our fears."

Kasia felt courage blossoming in her heart. The last story was about a little girl who had a great imagination. She created fantastic worlds and invited her friends to join in the fun.

"Imagination is the key to creativity. The lesson: imagination opens the doors to extraordinary adventures."

After listening to all the tales, Kasia understood how important kindness, courage, and imagination were. From that day on, whenever she reached for the magical blanket, every day became a new adventure for her.

Serdeczne Życzenie

W głębokim, ciemnym niebie mieszkała mała gwiazdka o imieniu Lusia. Lusia zawsze marzyła o tym, by świecić jaśniej, ale czuła się przyćmiona przez większe, jaśniejsze gwiazdy, które dominowały nad nocnym niebem. Każdej nocy spoglądała na nie z tęsknotą, pragnąc być tak wspaniała jak one.

Pewnej nocy, gdy Lusia marzyła o swoim pragnieniu, zauważyła migoczącego świetlika, który tańczył w powietrzu. Świetlik, zauważając smutek Lusi, podleciał do niej i zapytał: "Czemu wyglądasz na smutną, mała gwiazdko?"

"Chciałabym świecić jaśniej," odpowiedziała Lusia, spuściwszy wzrok. "Czuję, że nie jestem wystarczająco dobra w porównaniu do innych gwiazd."

Świetlik uśmiechnął się i powiedział: "Nie martw się, Lusia. Każde światło ma swoją wartość, niezależnie od tego, jak jest małe. Czy chciałabyś wyruszyć ze mną w podróż, aby odkryć, jak możesz świecić na swój sposób?"

Zaintrygowana, Lusia zgodziła się. Świetlik poprowadził ją w kierunku pięknych, ciemnych lasów i nad srebrzyste jeziora. W każdej nowej scenerii spotykali różne stworzenia, które potrzebowały pomocy.

Gdy dotarli do lasu, Lusia zobaczyła, jak małe zwierzątka błąkały się w mroku, nie mogąc znaleźć drogi do domu. Używając swojego blasku, Lusia zajaśniała, wskazując im drogę. Zwierzątka z radością podziękowały jej za pomoc.

Następnie dotarli do jeziora, gdzie żabki próbowały znaleźć drogę do bezpiecznego miejsca. Lusia, inspirując się blaskiem świetlika, ponownie świeciła jasno, prowadząc żabki do brzegu.

Z każdym aktem odwagi, Lusia czuła, jak jej blask rośnie. "Widzisz?" powiedział świetlik. "Nawet małe światła, takie jak twoje, mogą prowadzić innych w ciemności. Twoje pragnienie, by świecić jaśniej, już się spełnia!"

Kiedy wrócili do nieba, Lusia była pełna radości. Zrozumiała, że nie musi być największą gwiazdą, aby mieć znaczenie. Jej blask miał moc, aby kierować i inspirować innych.

Od tego dnia Lusia świeciła z nową pewnością siebie, a jej serce było przepełnione szczęściem. Wiedziała, że nawet małe światła mają wielką moc w ciemności, a jej serdeczne życzenie zostało spełnione w najpiękniejszy sposób.

The Heartfelt Wish

In the deep, dark sky lived a little star named Lusia. Lusia always dreamed of shining brighter, but she felt overshadowed by the larger, brighter stars that dominated the night sky. Every night, she looked at them with longing, wishing to be as magnificent as they were.

One night, as Lusia was dreaming about her wish, she noticed a twinkling firefly dancing in the air. The firefly, noticing Lusia's sadness, flew over to her and asked, "Why do you look so sad, little star?"

"I wish I could shine brighter," Lusia replied, looking down. "I feel like I'm not good enough compared to the other stars."

The firefly smiled and said, "Don't worry, Lusia. Every light has its value, no matter how small it is. Would you like to go on a journey with me to discover how you can shine in your own way?"

Intrigued, Lusia agreed. The firefly led her towards beautiful, dark forests and over silvery lakes. In each new setting, they encountered various creatures that needed help.

When they reached the forest, Lusia saw little animals wandering in the darkness, unable to find their way home. Using her glow, Lusia shone brightly, showing them the way. The animals joyfully thanked her for her help.

Next, they arrived at the lake, where little frogs were trying to find a safe place. Inspired by the firefly's glow, Lusia shone brightly again, guiding the frogs to the shore.

With each act of courage, Lusia felt her glow growing stronger. "You see?" said the firefly. "Even small lights, like yours, can guide others in the darkness. Your wish to shine brighter is already coming true!"

When they returned to the sky, Lusia was filled with joy. She understood that she didn't need to be the biggest star to matter. Her glow had the power to guide and inspire others.

From that day on, Lusia shone with newfound confidence, and her heart was filled with happiness. She knew that even small lights have great power in the darkness, and her heartfelt wish had been fulfilled in the most beautiful way.

Podróż Zgubionego Piórka

———

Delikatne piórko, które odpadło od ptaka, unosiło się w powietrzu, czując się zagubione i bezużyteczne. Wiatr znosił je daleko od jego rodziny, a piórko zastanawiało się, co teraz stanie się z jego życiem. Przez chwilę czuło się smutne, ale postanowiło, że spróbuje odkryć, co przyniesie mu ta nowa podróż.

W miarę jak unosiło się w powietrzu, spotkało różne stworzenia. Najpierw napotkało zajączka, który skakał radośnie po łące. Zając zauważył piórko i powiedział: "Cześć, małe piórko! Nie smuć się, że jesteś daleko od swojego ptaka. Pamiętaj, że lekkość pozwala ci swobodnie podróżować po świecie!"

Piórko poczuło się trochę lepiej, ale nadal nie wiedziało, jakie ma znaczenie. Kontynuując swoją podróż, dotarło do jeziora, gdzie zobaczyło rybkę pływającą w wodzie. Rybka, widząc smutne piórko, powiedziała: "Nie martw się, przyjacielu! To, że jesteś lekki, pozwala ci dostrzegać wiele rzeczy, których inni nie mogą. Każda podróż ma swoje piękno, a ty jesteś częścią tego piękna!"

Piórko zaczęło dostrzegać otaczający je świat. Kiedy unosiło się dalej, spotkało wiewiórkę, która biegała z gałęzi na gałąź. Wiewiórka zatrzymała się i zwróciła do piórka: "Hej, małe piórko! Twoja lekkość sprawia, że możesz dostrzegać różne perspektywy. Każdy ma swój sposób na odkrywanie świata!"

Zainspirowane tymi spotkaniami, piórko zaczęło czuć się pewniej. W końcu trafiło do małego gniazda na drzewie, gdzie młody ptak próbował zbudować swoje pierwsze gniazdo. Młody ptak wyglądał na zestresowanego i zaniepokojonego. Piórko postanowiło pomóc.

Delikatnie opadło na gniazdo, gdzie ptak był zachwycony. "Och, piórko! Możesz być idealnym dodatkiem do mojego gniazda!" Młody ptak ułożył piórko w swoim gnieździe, dodając do niego piękno i komfort.

W tym momencie piórko zrozumiało swoją wartość. Jego podróż nauczyła je, że każdy ma swoje miejsce i cel, nawet gdy poczucie zagubienia wydaje się przytłaczające.

Od tego dnia piórko nie tylko pomogło młodemu ptakowi, ale także odkryło swoje miejsce w świecie. Jego podróż była pełna nauk o samopoznaniu, elastyczności i odnajdywaniu celu w zawirowaniach życia.

The Lost Feather's Journey

A delicate feather, blown away from a bird, drifted through the air, feeling lost and useless. The wind carried it far from its family, and the feather wondered what would become of its life now. For a moment, it felt sad, but it decided to try to discover what this new journey would bring.

As it floated in the air, it met various creatures. First, it encountered a rabbit hopping joyfully across a meadow. The rabbit noticed the feather and said, "Hello, little feather! Don't be sad that you're far from your bird. Remember, being lightweight allows you to travel freely through the world!"

The feather felt a little better, but it still didn't know what its significance was. Continuing its journey, it reached a lake, where it saw a fish swimming in the water. The fish, seeing the sad feather, said, "Don't worry, friend! Your lightness allows you to see many things that others cannot. Every journey has its beauty, and you are a part of that beauty!"

The feather began to notice the world around it. As it drifted further, it met a squirrel scurrying from branch to branch. The squirrel stopped and said to the feather, "Hey, little feather! Your lightness allows you to see different perspectives. Everyone has their way of discovering the world!"

Inspired by these encounters, the feather began to feel more confident. Eventually, it arrived at a small nest in a tree, where a young bird was trying to build its first nest. The young bird looked stressed and worried. The feather decided to help.

It gently floated down onto the nest, where the bird was delighted. "Oh, feather! You could be the perfect addition to my nest!" The young bird arranged the feather in its nest, adding beauty and comfort to it.

At that moment, the feather understood its value. Its journey taught it that everyone has their place and purpose, even when feelings of being lost seem overwhelming.

From that day on, the feather not only helped the young bird but also discovered its place in the world. Its journey was full of lessons about self-discovery, adaptability, and finding purpose amid the twists and turns of life.

Kropelka Deszczu

Wysoko w chmurach mieszkała mała kropelka deszczu o imieniu Rina. Rina była podekscytowana, że w końcu nadszedł czas, aby spaść z nieba. Jednak gdy zbliżał się moment jej upadku, poczuła się nieco zdenerwowana tym, co ją czeka.

Kiedy zaczęła spadać, wirując w powietrzu, spotkała inne krople deszczu, które też leciały w dół. Każda z nich miała swoją własną historię do opowiedzenia.

"Cześć, Rino!" powiedziała jedna z kropli, która była nieco większa. "Ja jestem Kira. Zaraz zamienię się w strumień, który popłynie przez las. Wszyscy mówią, że to wspaniała przygoda!"

Rina poczuła lekką zazdrość, ale też fascynację. "A co z tobą?" zapytała kolejną kroplę, która leciała obok niej.

"Ja nazywam się Timo i zamierzam dołączyć do rzeki!" odpowiedział Timo, promieniując radością. "Będę płynął w kierunku morza i przeżyję niesamowite przygody!"

Rina zaczynała rozumieć, że każda kropla ma swoją własną ścieżkę i cel. Zastanawiała się, co stanie się z nią, kiedy w końcu dotrze na ziemię.

Kiedy Rina spadała dalej, zauważyła, że niektóre krople osiadają na liściach, pomagając roślinom rosnąć. "To musi być piękne," pomyślała. "Móc wspierać życie!"

W końcu, z delikatnym szelestem, Rina wylądowała na pięknym kwiecie. Była zachwycona, widząc, jak roślina cieszy się z jej obecności. "Witaj, mała krople!" powiedziała roślina. "Dziękuję, że jesteś tutaj. Twoja obecność pomaga mi rosnąć!"

Rina zrozumiała, że jej podróż dopiero się zaczęła. Choć była tylko małą kroplą, mogła mieć znaczenie i wpływać na świat wokół siebie.

Czując się szczęśliwa i spełniona, Rina uśmiechnęła się do swojej nowej przygody. Zrozumiała, że zmiany są piękne, a każda kropla, niezależnie od wielkości, ma swoje miejsce i cel. Wiedziała, że będzie miała wiele więcej wspaniałych doświadczeń, gdziekolwiek się uda.

The Raindrop

High up in the clouds lived a little raindrop named Rina. Rina was excited that the time had finally come for her to fall from the sky. However, as the moment of her descent approached, she felt a bit nervous about what awaited her.

As she began to fall, swirling through the air, she met other raindrops that were also drifting down. Each of them had their own story to tell.

"Hi, Rina!" said one of the droplets, who was slightly bigger. "I'm Kira. I'm about to turn into a stream that will flow through the forest. Everyone says it's a wonderful adventure!"

Rina felt a little jealous but also fascinated. "What about you?" she asked another droplet flying beside her.

"I'm Timo, and I'm going to join the river!" Timo replied, radiating joy. "I'll be flowing toward the sea and experiencing amazing adventures!"

Rina was beginning to understand that each droplet had its own path and purpose. She wondered what would happen to her when she finally reached the ground.

As Rina continued to fall, she noticed that some droplets landed on leaves, helping plants grow. "That must be beautiful," she thought. "To be able to support life!"

Finally, with a gentle rustle, Rina landed on a beautiful flower. She was delighted to see how the plant was happy with her presence. "Welcome, little droplet!" said the plant. "Thank you for being here. Your presence helps me grow!"

Rina realized that her journey had only just begun. Although she was just a small droplet, she could make a difference and impact the world around her.

Feeling happy and fulfilled, Rina smiled at her new adventure. She understood that change is beautiful, and every droplet, no matter its size, has its place and purpose. She knew that she would have many more wonderful experiences wherever she went.

Sekret Księżyca

Mały świetlik o imieniu Finn był zafascynowany księżycem i jego blaskiem. Każdej nocy, kiedy księżyc pojawiał się na niebie, Finn leciał jak najwyżej, próbując się do niego zbliżyć. Wierzył, że musi istnieć jakiś sekret, który sprawia, że księżyc świeci tak jasno.

Pewnej nocy, gdy Finn wzbił się wysoko, spotkał mądrą sowę siedzącą na gałęzi drzewa. "Dokąd lecisz, mały świetliku?" zapytała sowa, przyglądając mu się z zainteresowaniem. "Chcę poznać sekret księżyca," odpowiedział Finn z entuzjazmem. "Dlaczego świeci tak jasno? Musi mieć jakąś tajemnicę!"

Sowa zamyśliła się chwilę, a potem powiedziała: "Księżyc ma swoje tajemnice, ale czasem nie wszystko trzeba rozumieć. Czasem wystarczy po prostu podziwiać piękno, które daje." Jednak Finn nie był przekonany. Chciał wiedzieć więcej.

Leciał dalej, aż spotkał świerszcze, które grały swoje pieśni na łące. "Czy wiecie, dlaczego księżyc tak jasno świeci?" zapytał Finn. Świerszcze przestały śpiewać na chwilę, a jeden z nich odpowiedział: "My śpiewamy dla księżyca każdej nocy, ale nigdy nie pytaliśmy, dlaczego świeci. Może to właśnie jego blask inspiruje nas do śpiewania?"

Finn pomyślał o tym przez chwilę, ale nadal chciał poznać odpowiedź. Postanowił lecieć dalej.

Wkrótce spotkał nietoperza, który leniwie wisiał na gałęzi, gotowy do snu. "Czy ty wiesz, dlaczego księżyc tak jasno świeci?" zapytał Finn. Nietoperz ziewnął i odpowiedział: "Księżyc jest moim przyjacielem, oświetla mi drogę, kiedy latam. Nie obchodzi mnie, dlaczego świeci, ważne, że mi pomaga."

Finn wciąż nie był usatysfakcjonowany. Leciał dalej, próbując dotrzeć jeszcze wyżej, bliżej księżyca, ale wkrótce poczuł się zmęczony. Usiadł na gałęzi i spojrzał na księżyc, który świecił jasno i spokojnie. Zaczął rozumieć, że może księżyc nie ma żadnego sekretu, który trzeba odkryć. Może to jego magia polega na tym, że po prostu jest.

Finn uśmiechnął się do siebie. Zrozumiał, że nie wszystkie zagadki świata trzeba rozwiązywać. Czasami lepiej po prostu cieszyć się nią, tak jak cieszył się światłem księżyca.

The Moon's Secret

A little firefly named Finn was fascinated by the moon and its glow. Every night, when the moon appeared in the sky, Finn flew as high as he could, trying to get closer to it. He believed there must be a secret that made the moon shine so brightly.

One night, as Finn flew higher, he met a wise owl sitting on a tree branch. "Where are you flying to, little firefly?" asked the owl, watching him with curiosity. "I want to discover the moon's secret," Finn replied enthusiastically. "Why does it shine so brightly? There must be a mystery behind it!"

The owl thought for a moment and then said, "The moon has its secrets, but sometimes, not everything needs to be understood. Sometimes it's enough just to admire the beauty it offers." But Finn wasn't convinced. He wanted to know more.

He flew on, until he met some crickets playing their songs in the meadow. "Do you know why the moon shines so brightly?" Finn asked. The crickets paused their singing for a moment, and one of them replied, "We sing for the moon every night, but we've never asked why it shines. Maybe its glow is what inspires us to sing?"

Finn pondered this for a moment, but he still wanted an answer. He decided to keep flying.

Soon, he encountered a bat lazily hanging from a branch, ready to sleep. "Do you know why the moon shines so brightly?" Finn asked. The bat yawned and answered, "The moon is my friend, it lights my way when I fly. I don't care why it shines; what matters is that it helps me."

Finn still wasn't satisfied. He kept flying, trying to get even higher, closer to the moon, but soon he felt tired. He sat on a branch and looked up at the moon, which shone brightly and peacefully. He began to understand that maybe the moon didn't have a secret that needed to be uncovered. Maybe its magic was simply in its existence.

Finn smiled to himself. He realized that not all of the world's mysteries needed to be solved. Sometimes it's better just to enjoy it, just as he enjoyed the moonlight.

Szemrzący Wiatr

Wiatr o imieniu Zefir uwielbiał pędzić przez lasy i pola, sprawiając, że wszystkie liście i trawy tańczyły na jego drodze. Zawsze był w ruchu, nigdy nie zatrzymując się na chwilę, aby posłuchać, co świat ma mu do powiedzenia.

Pewnego dnia, po szczególnie długim i szybkim biegu, Zefir poczuł zmęczenie. Zatrzymał się na chwilę, pierwszy raz w życiu, i usłyszał coś niezwykłego. Były to delikatne szepty dochodzące z drzew, rzek i gór, których wcześniej nigdy nie słyszał.

Pierwszy odezwał się stary dąb. "Zefirze," powiedział spokojnym głosem, "czy wiesz, że każdy liść, który sprawiasz, że wiruje, ma swoją własną historię? Nie jesteśmy tu tylko po to, aby tańczyć. Każdy z nas opowiada o przeszłych latach, o deszczu, słońcu i wietrze takim jak ty."

Zefir zamyślił się nad słowami dębu. Nigdy wcześniej nie zdawał sobie sprawy, że drzewa mogą mieć historie do opowiedzenia. Poszybował dalej, ale tym razem nie pędził. Zatrzymał się nad rzeką, która szemrała cicho.

"Zefirze," odezwała się rzeka, "czy wiesz, że ja podróżuję nieustannie, ale nigdy się nie spieszę? Czasem ważniejsze jest, aby słuchać i uczyć się po drodze, niż pędzić bez celu. Moje wody szepczą historie, które mogą cię nauczyć cierpliwości i spokoju."

Zefir poczuł, że rzeka ma rację. Zastanawiał się, czy powinien zwolnić swoje tempo i po prostu słuchać. Lecąc dalej, dotarł do gór, które majestatycznie wznosiły się ku niebu.

"Zefirze," zagrzmiała jedna z gór, "ja tu stoję od tysiącleci, obserwując, jak świat się zmienia. Czas uczy pokory. Im więcej słuchasz, tym więcej zrozumiesz. Nie musisz zawsze być najszybszy, aby coś osiągnąć. Czasem to, co najważniejsze, dzieje się w ciszy."

Zefir po raz pierwszy w życiu poczuł, że musi coś zmienić. Zaczął powoli przemieniać się z porywistego wiatru w delikatny powiew. Zamiast pędzić przez świat, teraz szeptał cicho, słuchając wszystkich, których spotkał na swojej drodze.

Od tego dnia Zefir stał się wiatrem, który przynosił nie tylko taniec liści, ale i mądrość natury. Zrozumiał, że w życiu nie zawsze chodzi o to, aby być najszybszym lub najgłośniejszym. Czasami największa siła tkwi w słuchaniu i dzieleniu się tym, czego się nauczyło.

Zefir teraz delikatnie muskał liście drzew i trawy, niosąc ze sobą szepty drzew, rzek i gór. Dzięki temu każdy, kto poczuł jego powiew, mógł usłyszeć odrobinę mądrości natury.

The Whispering Wind

A wind named Zefir loved to race through forests and fields, making all the leaves and grass dance in its path. He was always in motion, never stopping for a moment to listen to what the world had to tell him.

One day, after an especially long and fast run, Zefir grew tired. For the first time in his life, he stopped for a moment, and he heard something extraordinary. It was the soft whispers coming from the trees, rivers, and mountains—whispers he had never heard before.

The first to speak was an old oak. "Zefir," it said in a calm voice, "do you know that every leaf you make whirl has its own story? We are not just here to dance. Each of us tells tales of past years, of rain, sun, and winds like you."

Zefir pondered the oak's words. He had never realized that trees might have stories to tell. He flew further, but this time, he wasn't rushing. He stopped by a river, which murmured softly.

"Zefir," the river said, "do you know that I travel endlessly, but I never hurry? Sometimes it's more important to listen and learn along the way than to rush without purpose. My waters whisper stories that can teach you patience and calm."

Zefir felt the river was right. He wondered if he should slow his pace and simply listen. As he flew on, he reached the mountains, which majestically rose toward the sky.

"Zefir," rumbled one of the mountains, "I have stood here for millennia, watching the world change. Time teaches humility. The more you listen, the more you understand. You don't always need to be the fastest to achieve something. Sometimes the most important things happen in silence."

For the first time in his life, Zefir felt that he needed to change. He slowly transformed from a strong wind into a gentle breeze. Instead of rushing through the world, he now whispered softly, listening to everyone he encountered along the way.

From that day on, Zefir became a wind that brought not only the dance of leaves but also the wisdom of nature. He understood that life isn't always about being the fastest or the loudest. Sometimes, the greatest strength lies in listening and sharing what you have learned.

Now, Zefir gently caressed the leaves of trees and the grass, carrying with him the whispers of the trees, rivers, and mountains. And thanks to that, everyone who felt his breeze could hear a bit of nature's wisdom.

www.ingramcontent.com/pod-product-compliance
Lightning Source LLC
Chambersburg PA
CBHW051356150726
48000CB00003B/1210